우산 하나

오름시인선 · 34

우산 하나

펴낸날 _ 2017년 10월 27일
지은이 _ 이상철
발행인 _ 김태웅
발행처 _ 기획출판 오름
등록번호 _ 동구 제364-1999-000006호
등록일자 _ 1999년 2월 25일
주소 _ 대전광역시 동구 대전로 815번길 125 2층 (삼성동)
전화 _ 042.637.1486
팩스 _ 042.637.1288
e-mail _ orumplus@hanmail.net
디자인 _ 디코드 (대표 이상훈)
대전광역시 유성구 노은로 144 노은타운 604호
전화 _ 042-822-4256
e-mail _ design@dcode.co.kr

ISBN _ 978-89-90151-21-6

값 9,000원

「이 도서의 국립중앙도서관 출판예정도서목록(CIP)은 서지정보유통지원시스템 홈페이지(http://seoji.nl.go.kr)와 국가자료공동목록시스템(http://www.nl.go.kr/kolisnet)에서 이용하실 수 있습니다.(CIP제어번호: CIP2017027297)」

오름시인선 · 34

우산 하나

이상철

Orum Edition

시인의 말

꽃씨 하나가
어느 날 내 가슴에 도착했다.
내 책상 위 화분에 심어놓고, 나 홀로 생각을 키웠다.
세월이 흘러, 자라난 생각나무들에 맺힌 꽃잎을
세상 밖으로 내놓는다.
아직 부족할 수도 있다.
그래도, 꽃향기가 있을 터이니 사람들과 소통하고 싶다.
메말라가는 우리 곁에
파릇파릇 감성의 꽃 하나
듬뿍 피워내고 싶다.
우리들의 아픔, 슬픔, 고통이 있다면 찾아내고
세상 사람들 가슴에
시의 심장을 두드려 깨우고 오래도록
스미게 하고 싶다.

프랑스 속담에 "재능은 다른 사람의 재능을 발견하는 것이다"라는 말이 있습니다. 대학시절 그동안 썼던 시를 들고 선배들을 찾아갔을 때, 종이가 좋다는 식으로 이야기할 뿐 시에 대한 언급을 하지 않았습니다. 그러나 학보사 기자활동을 하며 틈틈이 시를 썼습니다. 군입대후 보내준 시와 4학년 복학 후에 쓴 시를 《용운시문학회》 동인지에 실어주었습니다. 그 때, 「탈고되지 않은 원고」를 기억하신 시문학회 지도교수를 하셨던 김용재 교수님께서 2008년에 불쑥 전화를 하셔서 당시 《대전문학시대》에 출품하라 하셨고, 거기서 그 작품을 우수상으로 뽑아주셨습니다. 그것을 계기로 본격적인 시작활동을 하였지만, 게으르고 용기없는 나의 둔한 성격 때문에 뒤늦게 첫 번째 시집을 엮어 내게 되었습니다.

나에게 시란 무엇인가? 성찰해 봅니다. 가난하고 외로울 때 끄적끄적 낙서하듯 사물과 대화한 것, 늘 허전하고 그리워서 금강 강둑에 나가 홀로 헤매던 유년기, 청년기의 방황이 시의 원천이었습니다. 어머니가 세 분이라는 힘든 상황이 오히려 내 인생의 지평을 넓히는 것이라는 넉넉한 인식으로 전환하는 동력은 문학이었습니다. 문학의 힘이 제 삶을 온전하게 지탱시켰으며, 시는 제 삶과 영혼을 연결해준 고마운 것이었습니다. 앞으로도 세상을 더욱 또렷하게 보는 눈을 키우고, 내면을 더욱 성장시켜 훌륭한 작품을 써낼 것을 제 자신에게 약속하며 감성과 지성을 키우기 위해 더욱 정진할 것입니다.

끝으로, 《한국문학시대》 주간 역할을 맡기신 김영훈 회장님께 감사를 드립니다. 수많은 문인들의 작품을 교정보고 탈고를 시키는 뜨거운 시간이 저에게는 많은 시 공부, 문학 공부를 할 수 있었던 소중한 기회였습니다.

아직 부족한 시인이지만 독자 앞에 내 삶의 일부를 드러내어 공감하고 한 발짝 다가가고자 이 시집을 만들었습니다. 바쁜 와중에도 발문을 써주신 김용재 교수님께 머리 숙여 인사를 드립니다. 더불어, 꼼꼼하게 교정을 보시고 편집을 해 주신 김태웅 기획출판 오름 사장님께도 감사의 뜻을 전합니다.

2017년 10월 **이상철**

차례

제3부 | 한국문학시대 게재 작품

제1부

소소한 일상에서 시를 만나다

우신한

우산 하나

사랑은 느린 걸음으로 온다.
우산 하나에 두 사람
울퉁불퉁한 보도블럭 디딜 때마다
쿨렁이는 흙탕물에도 아랑곳없이, 천천히 온다.
한쪽 발걸음이 불편한 키가 큰 노인은
키 작은 노파에 온몸을 의지한 채,
애써 자신이 우산을 들겠노라,
애달픈 승강이를 한다.
빗물은 사랑꽃을 피우도록 삐뚜름하게 내리고
오래도록 푸른 신호등을 기다리고 있는 태평오거리
느리게 걷는 두 사람의 걸음마다
회색빛 우산 하나 시소처럼
서로의 어깨 위로 기울어져 간다.
차오르는 흙탕물에 신발이 젖는다고
불평하는 나는, 언제 한번 느린 걸음으로
우산 하나 펼치며 살아왔을까.

낙엽 · 2

떨어지는 아픔일랑
아무렇지 않은 듯
쌓이며, 쌓이며
다른 낙엽이 아프지 않게
자신의 몸을 납작하게 엎드린 채
옆에 놓인 낙엽에게 말한다
춥지 않느냐고.

봉투에 글 한 토막

늘 건강하게 지내세요
얇은 봉투에
약간의 용돈을 담으면서
글 한 토막 써 놓고
전화기 밑에 보이도록 놓아둔다
고향을 떠나
도시로 나오는
길 모퉁이 주유소에서
자동차 기름을 넣으면서
얇은 봉투에
몇 만원 더 넣을 걸,
후회했다.
오래오래 사세요
한 토막 더 써 넣을 걸

자전거와 누나

배고플까봐
내 도시락을 꺼내
자신의 도시락 속 밥을 덜어
꾹꾹 눌러 담아주고는
누나는 서둘러
빈 도시락을 가방에 넣고
찬 바람이 가득 부는
강둑을 향해
교복 치마속에
녹색의 체육복을 입고
자전거에 올라 달린다.
아침 햇살에
녹슬지 않은 부분의
바큇살이 반짝반짝
빛을 반사하며 달린다.
손이 꽁꽁
얼고, 얼굴이 따갑도록
사납게 부는 바람 때문에
넘어지지 않을까
내 마음속 오래된 풍경 하나

누나의 뒷모습이

아직도 아련하다.

염

긴급 호출을 받았을 때
불꽃이었다.
뒤늦게 만났으니
더 오래 살아계시길
내 속에 품은 마음이었다.
낳아주신 어머니의 몸을
시체실에서 염할 때
처음이자 마지막으로
조심스레 만져볼 수 있었다.
아무 말 없이 누운 어머니의 얼굴
두 손으로 붙들라는 주문을 받고
서 있을 때
어머니의 몸을 닦는 두 사람은
함부로 인듯 했다.
수의를 입히는 동안
울지 않고 있는 어머니의 얼굴에
물방울이 뚝뚝 떨어져 고이고
고통을 보이지 않으려고
돌아눕던 어머니의 메말라가는 어깨선이

햇빛을 받아 눈부셔 보이던
그 작은 체구가
순식간에 싸매지고
나와 함께 하지 못한
짧은 시간까지 꽁꽁
묶어버리고 있었다.

그냥 두고 갈 수 없잖아

어머니께서 돌아가신 후
서울시내 주공아파트에 남겨놓은
물건을 처분하는데
가벼운 것은 모조리 버리고
유품을 그냥 두고 갈 수 없어서
가장 무거운 양문형 외국 냉장고를 챙겨
용달 트럭에 실었다.
밤늦은 시간, 대전까지 달려와
운전기사 할아버지와
원룸 3층까지 계단 밟으며
땀 범벅, 들어올렸다.
어머니가 마지막 남긴 선물이
세상에서 가장 무거웠다.
양문형 냉장고
야채칸에 테이프로 신문지를 묶어
남긴 글 한쪽과 통장 때문에
세상에서 가장 무거운
선물이 되었던 것이다.

아버지의 말씀

인생이란 닳아버린 신발인가
함부로 벗어놓은
흐트러진 자식들의 신발들을
가지런하게 챙겨놓으며
나직한 목소리로
내려놓는 아버지의 말씀
“80년을 넘게 살았는데
땅 한 평 재산 모으지 않고
그저 세월만 보냈나 싶다가도
돈 욕심 부리다가 죽은 후배들보면
정직하게 사는 게
마음 편하다 생각 되는구먼
세상 길 험하게 구부러져 있어도
반듯하게 네 길을 걸어야 혀”
한마디 듣고 있는데
마당 끝 담벼락에 피어 있는 코스모스
바람결에
한참동안 흔들린다.

기도

천둥, 번개
동시에 쏟아지며
세차게 내리는 빗속에
내 죄가 무서워 기도하였더니
하늘빛이 유리처럼 깨끗해졌네.

지혜를 달라,
건강을 달라,
복권 당첨되게 해달라
쓸데없이 기도했구나.

돈 없어도
명예 없어도
탓하지 말아야지.

사는동안
소소한 미소만 달라고
기도해야지.

런닝머신과 바다

바다가 보이네요
파도만큼 무거운 몸
조금이라도 가볍게 하려고
그토록 찰캉찰캉 소리내며
지금 당신은 런닝머신에서 달리는군요
마음속에 푸른 바다를
꿈꾼다면 즉시 내려와
바다를 향해 달려보세요
하얀 포말을 일으키며 달려오는
힘센 파도의 바다를
직접 봐야잖아요
바다가 있는 낮은 곳으로
천천히 내려가 봐요
한결같이 신중한 바다
어떠세요, 몸과 마음이 조금
가벼워졌나요?

낙조 落照

사랑은 속도가 중요하지 않지
천천히 그러나 조금씩
번지는 것이 사랑이니까
바다를 향해
긴 간격을 둔 붉은 발자국
누구를 향해 마지막으로
천천히 내딛는 그리움일까
아직도 오지 않는
당신을 위해
어둠을 막아내는
마지막 빛의 근육
천천히 내려앉는 홍학처럼
푸른 물결속에 번지는 붉은 아픔
내 가슴속에
연꽃 하나
꽃을 피우는구나.

망각의 힘

가장 작은 행복이나
가장 큰 행복에서나
행복을 향해 들어갈 수 있는
망각의 문門
바닷가 모래위를 달리는 어린이들은
과거에 매달리지 않고
얽매이고 싶은 미래도 없나니
현재의 울타리에서 그저
맹목盲目의 춤을 신나게 춘다
니체도 저 문으로
성큼성큼 들어갔으리
겨울이 왔으니 봄이야 멀겠는가
겨울도 간절하게 느끼며
살아야 할 소중한 계절이리라
불멸의 영혼도
회상해야 할 전생前生도 없나니
대지를 딛고 서 있는
지금 이 순간이
내가 존재할 수 있는 힘.

선운사 동백꽃

파닥파닥
힘센 장어 몇 마리 먹고
서둘러 비 그친 사이
선운사 찾아갔더니
뒤뜰에 핀 동백꽃
벌써 수많은 송이
땅에 떨어져 있구나
못 다한 사랑인가
누굴 향한 그리움인가
차가운 날씨에도
저토록 붉은 빛으로
피를 토하고 있는가

세월

모래알처럼 작은 알갱이
바람이 천천히 불 듯
작은 시간이 흐르면
세상 모든 것은 변하지
세상의 골짜기에는
큰 건물이 들어와 북적대는 모습으로
빠르게 변하는데
오직
나의 어리석음은 변하지 않지
내 육신은 시커먼 구름처럼
빠르게 변해 가더라도
오직
나의 마음은 하얀 소금처럼
변하지 않기를 바란다.

새벽 청소부

손끝이 시린
찬 바람이 불어오는 새벽에
사십대 중반의 그 험상궂은 삶처럼
드닷없이 중병을 앓다가
저 세상으로 떠난 후배
낙엽처럼 뒹굴며 서럽게 우는
후배 아내의 흐느낌을 들으며
뒤돌아 나오는 병원 뒷길
온갖 악취가 넘쳐나는 곳
홀로 말끔히 닦아내고 있는
새벽 청소부.
내 마음에 얼룩진 자국은
새벽이 되어도 왜 이렇게
청소가 되지 않는 것인지
살아 있을 때, 더러운 말로
후배를 나무라고 함부로 탓했는지
내 안에 얼마나 더러운 것들이
숨겨져 있는 것인지
언제라야 나는 온갖 악취를
말끔하게 씻어낼 수 있으려나
새벽 청소부처럼

모기

짧은 여름밤
제 모습을 보이지 않으며
귓가에 윙윙
톡 쏘고 달아나면
붉게 불어나는 혹들
불켜고 잡을라치면
어느 곳에 숨었는지 찾을 길 없네
다시 불을 끄고
누워 잠을 청하면
귓가 근처에 와서
또다시 윙윙
잡을까하여 내뺨을 내리치면
어느 곳으로 날아갔는지
도무지 알 수가 없네
남의 피를 한 번 빨아먹는데
그치지 않고
밤새도록 잠도 못자도록
계속해서 빨아먹으려 하느냐
더러운 곳에서 탄생하여 그러는지
왜 누추한 곳으로만 찾아오느냐

홍시 紅柿

몇몇 잎이 적막히 흔들리는
가지 끝에 안쓰럽게 매달린 홍시
허공에 무명無明의 획을 긋는
작은 구름과 함께
투박한 돌담을 넘어온 감나무
고집스럽게 내리던
세찬 비를 이기고
밤마다 피할 수 없는
서리마저 견디면서
빨갛게 익고 무르익어
한 겨울 내내
온갖 생물에게 몸과 영혼을 다 내주며
긴 시간으로 도반道伴하는
작은 생명이여.

시루

거무칙칙하다고 무시하지 말라
아궁이와 굴뚝을 막아
구워낸 까만 용기
물을 담아도 끄덕없고
불을 담아도 끄덕없네.
콩나물을 키우고
떡을 찔 때도 좋아라
무명 보자기를 깔고
콩을 안친 후 새벽부터 수시로 물을
부어주면 쑥쑥 자라는
콩나물 시루
밑에 솥을 놓고 뒤집어 놓으면
떡찌는 시루
시루와 솥이 닿는 부분에
밀가루나 멥쌀 가루로
반죽한 시룻번을 솥과 시루둘레에
돌려가면서 밀착시켜 바르고
불을 지피면 맛있는 떡향기
넉넉한 마음으로
쑥쑥 올라오는 떡시루.

떡 한 조각

설날을 며칠 앞둔
오늘은 장날
3년을 키워 온 덕구가 애쓰며
낳은 뽀얀 강아지를
정부미를 사 오려고
바람부는 아침 일찍
밤나무 등걸같은 낡은 자전거에 싣고
작은 눈송이가 띄엄띄엄
내리는 찻길을 달려
장터에서 오가는 사람들에게
강아지 사달라고 하루종일 눈빛을 주어도
눈송이처럼 아무렇지 않게 지나간다
맞은편에 위치한 방앗간
모락모락 김나는 떡 한조각
주인아주머니 손짓하며 떼어주고
뒤돌아가는 머리수건 위로
눈송이가 내리고
팔러 나온 덕구의 강아지들
공연히 더 꼬리치는데
팔지 못한 강아지를 종이상자에 담아

집으로 돌아오는
어머니의 어깨 위로도
아주 작은 근심과 눈송이가
하얀 떡 한 조각처럼
내려 앉았다.

빗방울 하나

둥근 테이블에
그저 아무렇게나 생긴 얼굴로
특별할 것도 없는 이야기를 나누며
소주잔을 놓고 있던 사내들
어깨너머 창밖에 비가 내린다
"창 밖 좀 봐, 비가 예쁘게 내리네"
"야, 비 오는 것 첨 보냐?"
화분에 시든 꽃 하나
어떻게 빗물을 받았는지
얼만큼 햇살을 받았는지
어둠속에서 꽃향기를 뿜어냈는지
외면해 온 사내 하나가
오랜 시간 그 시든 꽃 하나
빗물에 점차 젖어드는 모습
쳐다보다가
"히, 술 맛 나는구먼"
그 말 한마디 술잔 속에
놓고 있을 찰나
빗방울 하나
창문에 매달려
천천히 내려간다.

저울

고구마를 사러 왔다
1킬로 무게에 고작 2개밖에
안 올라가 있다
저울이 정직하게 작동하는가
자꾸 의문이 든다
저울의 바늘을 물끄러미 보다가
돌연, 내 죄를 달면
얼마나 될까? 생각이 들어
새삼스럽게 화들짝 놀란다
저 크기의 저울로는 달 수 없을만큼
무거우리라, 가슴복판이 시리다
세상살이에 이런저런 핑계로
정직하지 않은 날이 많았을 테니
붉은 고구마보다
내 마음속에 붉은 거짓이
얼마나 많을까?
고구마가 익는 동안
방바닥을 이리저리 닦았다

순간瞬間

말라비틀어져서
버리려다만 화분에
꽃이 피는 순간
좋아하는 사람이 우연히 되돌아보며
미소짓는 순간
푸른 하늘 아래
가을을 닮은
나뭇잎이 작은 숨결같은 바람에
살며시 흔들리는 순간
오랜만에 고향집에
도착할 즈음
자동차 시동을 끄기도 전에
벌써 대문 앞을 나오시는
허리 굽은 아버지를 보는 순간
인생이란
작은 조각일수록 광채光彩가 난다.

연꽃

어느 누구의 뼈속 깊이
스며든 아픔이 있었기에
강렬한 바람 머무는
낮은 곳에서도 꽃을 피워냈는가
더러운 진흙 속에서도
거센 폭우에도 오히려
연꽃은 시들지 않는다
초승달 날카로운 비수처럼
바람이 차게 불 때마다
연꽃은 제 몸을 일으켜
불덩이 같은 사랑의 꽃잎
수면에 수놓다
날마다 부피 더해지는 수많은 사연
맴도는 물결의 사연보다 더 깊다
행자의 사연은 지상의 마지막 남은 소망
수첩에 끼워 넣은 연꽃잎 하나
사랑의 무늬는 자꾸만 커지다

수선화 · 1

내 안에 얼마나 멋진 내가 있을까
물가마다 깊이 뿌리 내린 덕분에
다른 꽃보다 차가운 물속에서도
오랫동안 꽃 피울 수 있지
한번 뿌리 내리면
메마른 땅일지라도 꽃을 피울 수 있는 거야
나만 사랑하냐고 이유를 묻는다면
아직도 내 안에 남아있는
찬란한 상처 하나 때문이지
너만을 더 사랑해 달라고 보채지는 마
내 안의 성숙하지 못한 나를
아직 온전히 사랑하지 못했으니
푸른 하늘빛처럼 눈부신 나를
충분히 안아보지 못했으니
저 푸른 세상을 사랑하기 위해
다가가는 차가운 시간,
사랑에 눈뜨는 시간,
멈추지 않고 출렁이던 파도처럼
내 심장 안에 통통거릴 사랑이여!
폭풍이 부는 힘겨운 날일수록

온몸을 힘껏 흔들 수 있지
다른 이를 위해 꽃을 피운 것인 양
거짓된 말로 떠벌리는 꽃과는 달리
나만의 향기와 진실한 모습을 위해
차가운 물속에서도, 메마른 땅에서도
마음껏 꽃을 피우리라
커다란 나의 영혼을 위해.

수선화 · 2

내 안에 얼마나 많은 보석이 남아 있을까
차가운 날씨에 밤마다
분주히 수선修繕을 떨고
바람 부는 날에는 온 몸을 흔들어
내 안에 남아있는 보석의 알갱이들
무수히 쏟아내어
푸른 줄기사이
마침내 남겨진
가장 순수한 뼈마디만으로
하얀 꽃을 피우리라
무겁고 차가운 날씨처럼
세상이 빠르게 변해도
맑은 물속에서 스스로 온 몸을 흔들고
메마른 땅 끝에 서 있을 지라도
변함없는 맑은 감성으로
겹겹이 하얀 옷을 해 입고
햇빛 찬란한 날
순수한 향기만
세상을 향해 발산發散하리라.

제2부

배움과 깨달음 그리고 가르침

우산 하나

우리 가락 국악國樂 사랑가

새벽 청과시장 귀퉁이에서
철야 농성 노동자 가슴속에서
마지막 기차를 기다리는 작은 간이역에서
할머니 어깨처럼 비탈진 산자락에서
둥근 산을 닮은 사람들
모여 사는 작은 마을에서
대금, 소금, 단소, 장구, 꽹과리, 징
가야금, 해금, 생황, 피리, 북
우리 가락은 슬픔과 고통이 어우러져
낮은 소리와 높은 소리가 어우러져
노래가 되어, 가락이 되어
꺼지지 않는 모닥불처럼 피어오른다.

무장한 수군 출정가 부를 때에도
적군의 목을 벤 기쁨으로 솟구치는 날에도
사랑하는 자식 물에 빠져 죽었을 때에도
권력자의 만행으로 원한이 사무칠 때도
가슴 복판, 심장속이 부풀어질 때에도
얼음장 뒹구는 두만강 건너면서도
검푸른 원한의 바다속에서도

배고픈 허리, 도라지꽃 붙들고서도
사흘 밤낮 사투를 벌여 마침내
수만 마리 물고기 실은 만선滿船에서도
우리 가락은 진한 사랑으로
둥둥 울리며
지축을 울리는 거대한 소리로
아픈 가슴마다
기쁜 가슴마다
한가득 피어오른다.

때로는 출렁출렁
바닷물처럼 허리를 흔들고
때로는 들썩들썩
둥근 언덕처럼 어깨를 올리고
때로는 살짝살짝
파란 하늘처럼 발뒤축을 들어 올려
고단한 삶마저
신명난 장단으로 일으켜 세우는
끝까지 울음을 참아내는 처절한 소리
더더욱 춤사위로 울컥 다 토해내는

국악國樂의 가락들은
비바람에 휘어질지언정 꺾이지 않는
청죽靑竹을 닮아 있나니
우리 가락은 우리네 삶
깊숙한 곳에서
날마다 스민다.

대금의 청淸

검푸른 바다를 향해
홀로 떠났던 심청의 마음일까
눈 못 뜬 아버지를 위해
차가운 바다를 향해
던져야 했던 심청의 몸일까
비바람에 꺾인 갈대의 속살
그 안에 서린 맑은 눈물
얇은 막일지라도
부는 사람
듣는 사람
고음으로 울리는 아픔
심청의 마지막 비명처럼
가늘게 떨리는 그 슬픔
아니, 힘겨운 발걸음의 무게
심청이 흘린 눈물이
마지막 닿은 그곳
갈대가 서식하는 바다의 향기마저
뜨거운 입김과
차가운 한을 넘나들며
심청의 옷깃처럼 나부끼는 노랫가락

멀리서 다가오듯

가깝게 들리는 대금소리.

해금奚琴

가냘픈 몸에서
어찌 그토록 슬픔이 배어 나오는가
한 손에 움켜쥔 음률音律이
가벼운 듯
무거운 것이 사랑이어라
스치는 마음결이 고울수록
진한 사랑이 천천히 우러나
그 결에 닿으면
고통만큼 고운 마음 하나
가슴에 오래도록 맴돌아라
황.태.중.임.남~
오르내리는 가락 속에
바닷물처럼 출렁출렁, 깊은 음역音域
우주까지 샘솟는 선율이어라
조용하고 쓸쓸한 듯하다가
들썩들썩 어깨춤을 추게 하고
마음 한 켠 쥐어짜듯 하다가도
뼛속까지 상큼한 맛을
감돌게 하니,
섬세한 사랑
오묘한 가락
오늘도 그립구나.

나무와 사람

나무는 높고 환한 곳을 향해
뻗어 오르려 한다.
그 뿌리는
차가운 땅속
더 아래로
깊은 어둠속으로
두려움 없이
더 깊이
들어간다.

사람은 높고 화려한 곳을 향해
치고 오르려 한다.
그 뿌리는
뜨거운 욕망
더 높은 곳으로
더 화사한 곳으로
오르다가
더 깊이
떨어진다.

시인詩人

비탈길에서 세차게
불어오는 이름 없는 바람
방황하는 미완의 투사들이여
운명을 받아들일 것인가
풀꽃의 언어로
마음을 살찌우고
세상을 느티나무로 키울
정심正心을 발휘할 것인가
절벽에 부딪치는 바람소리 이겨내고
임신한 아내의 뱃속에서
쿵쿵 뛰는 새 생명의 심장소리
허리 숙여 귀 기울이고
지극히 큰 것은 밖이 필요 없는
진리 하나 스스로 빛을 낼 때
밤하늘 작은 별처럼 반짝거리는
꿈을 꿀 수 있는 틈틈이
하루하루의 무게를 이겨내고
어느 지점에 서 있든 충실히 밝혀주는
가로등 불빛 같은 희망의 메시지
한 움큼 집어 올려

세상의 용광로속에 던져 넣고

용기와 순수를 빚어내는

미완의 투사들이여!

존재와 시간

위태롭게 걷는
아기가 되었고
세상 소식 배우려고 달렸고
무엇인가 쟁취하기 위해
최루탄 가스 마셨고
스크럼 짜고 정의를 향해 행진하였지.

세상에 가장 아름다운 것
무엇인지 알기 위해 고민하였고
깊은 사랑이란 무엇인지 몰라
거리를 방황하며 술을 마셨지
그것을 알지 못한 채
돈을 벌기 위해 밤낮으로 수업했고
주말에는 내 몸의 건강을 위해
산을 오르고, 들판을 걸었고
퇴근 후에 소파에 눕는
아빠가 되었지.

'쓸모있는' 남편이 되고 싶었다가
돈도 제대로 모으지 못한,

아내를 만족시키지 못한,
'쓸모없는' 중년이 되었다가
흰 머리카락이 점점 자라나
돌연, 시체가 되겠지
슬퍼하지마,
모든 것은 정지될 수밖에 없으니.

왼쪽 책상에 알을 놓았는데
오른쪽 그림판에는 새를 그려왔네.

교사 · 2

세상엔 이름 새기지
못한 돌탑이 많다.
그 층층마다
새겨진 아픔과 고통
아직도 남겨진 그 온기를
뺨에 대고
그 아픔을 더 느끼며
가슴에 대고
그 고통을 함께 하며
소리없이 울어줄 사람
싸늘한 바람 몰아치는 시대일수록
그 바람속에
진실 하나 찾아내
세상 안으로 그 이름 새기어
보내줄 사람
작은 들꽃 흔들릴 만큼
미세한 움직임에도
눈을 들어 바라볼 줄 아는 사람
낮은 곳에 떨어진 낙엽처럼
자신의 몸을 숙여

다른 낙엽이 상처나지 않도록

영혼까지 나눌 줄 아는 사람

교사로 산다는 것은

어둠속에 별을 그리는 사람만이
어린왕자가 아닙니다
바람속에 곡식을 가꾸는 사람만이
농부가 아닙니다.
메마른 대지에
촉촉이 떨어지는 작은 물방울처럼
열매를 단단하게 만들어내는 사람,
수줍은 분홍꽃 패랭이꽃
질긴 사랑처럼
척박한 땅끝에도 뿌리를 내리게 하는 사람,
당신은 교사로 살아온 사람입니다.
세상 밖에 있는 작은 점 하나까지
학습자 심장속으로 들고 들어가
점을 선으로 곧게 다듬어
별처럼 빛나게 하는 사람
바로 당신이 교사입니다.
당신이 쏘아올린
밤하늘 고요 속에 빛나는 별은
날마다 순수의 얼굴, 어린왕자로
우뚝 서 있도록 성장시킨 것입니다.
바람이 불고
가는 잎이 떨어지고

싸늘한 공기가 세상을
가득 메울 때에도
새벽 일찍 일어나, 곡식이 잘 자라도록
살피던 농부의 섬세한 발걸음처럼
부지런히 살아온 사람,
당신은 교사입니다.
작은 나무가 높은 하늘을 향해
날마다 커가는 것처럼
하얀 눈이 녹지 않은
산비탈에 한 움큼 피어난
붉은 진달래처럼
교육자로 내딛은 첫사랑,
긴 계단을 오르던 굳건한 신념,
마지막까지 약속을 지킨
그 눈부신 붉은 빛깔은
후배들 가슴속에 또렷하게 남아
그리움으로 날마다 피어날 것입니다.
찬바람이 불어
몇 잎의 꽃잎이 지면
당신과 맺은 인연이 단단한 열매가 되어
그리운 빛깔로
더욱 붉어질 것입니다.

교사는 당당해야 한다는 말씀을 새기며...

선생님은 맑은 물과 같습니다.
학생들에게 맑은 감성으로
세상 멀리 흘러가도록
고운 물결 터주는 국어교사였습니다.
선생님은 뚝배기를 닮았습니다.
겉은 거친 듯해도 속에는 진국을 담아
그 펄펄 끓는 열정을 유지하는
뚝배기의 기백氣魄이 있었으니
후배 교사들에게는 잊지 못할 그리움입니다.
선생님은 멀리가려면 함께 가라는
교육신념을 갖고 있었습니다.
조금 느리더라도 모두가 완주完走할 수 있는
교육적 덕목을 품에 안고
사람과 사람과의 만남,
인연의 중요함을 강조하였으니
또 한번 잊지 못할 그리움입니다.
선생님은 일찍이 어머님의 의기義氣를 배워
자신보다 약자하고는 절대 싸우지 말고
불의와 강자들이 비열한 행동을 할 때
참지 말고 당당히 싸워라

비석碑石같은 말씀 지키며 살아왔습니다.
선생님은 말 한마디도 무게가 다르면
공평함을 잃는다 하시며,
학생들을 골고루 사랑하라 하셨으니
선생님은 푸른 솔처럼 길이 남을 그리움입니다.
교사는 어느 때나 떳떳하고, 당당해야 한다는 그 말씀
오롯이 가슴에 새겨질 무렵,
제자들에게 못다 한 사랑나무
후배 교사들 마음밭에 심어 놓고
선비고을 거사리居士里 고향으로 내려가
황토빛 꿈 일구고 있을 때
누군가 다시 태어나면 무엇을 할 것인가
묻는다면 망설임 없이 선생님은
하얀 솜털 같은 교사가 되어 또다시
제자들에게 꿈을 가져라
세상을 당당하게 맞서라
한결같이 말씀하실 것이니
마지막 남겨 놓으신 그리움입니다.

나는 반대한다

노랑 병아리 보기 좋은데도
제멋대로 물감 들이고
색깔을 바꾸는 것을
반대한다.

풀을 자유롭게 뜯을 염소에게
우리를 만들고 방울달린
쇠사슬을 목줄로 끼어 두는 것을
반대한다.

경제사범이든, 법을 어긴 사람이든
감옥 가서 몇 달 간 머물면
그 기간만큼 엄청난 돈이 불어나는
종잇장같은 집행유예가
이토록 많은 나라를
반대한다.

저녁 무렵
햇빛이 그늘 속에 잠기면
재빨리 그물을 치고

곤충 하나 걸리기만 하면,
쏜살같이 달려와
온 몸을 칭칭감고 뽑아먹는 거미처럼
함부로 권력을 부리고 뽑아먹는 사회를
반대한다.

낙엽 · 1

누군가
심술나서 그랬는지
지나던 바람이 툭하고 친 것 때문인지
내 발 끝에 너는 가장 넋 나간 모습으로
구겨진 복사지처럼 창백한 얼굴로
말없이 다가왔어
나도, 언제였을까
툭하고 누군가에 밀려서인지
저만치 다른 사람과 멀어진 공간에서
우두커니 서성거린 적 있지.

살면서 한 번도 밀려난 적 없는 사람들이야
너의 존재를 모를 테지만
큰소리로 한 번 웃지 못한 사람
너의 가슴속을 찬찬히 들여다 본 사람만이 알지
사랑이란 이렇게
어느 날, 툭하고 풀어 놓는
쓸쓸한 사연이란 것임을.

오랫동안 내린 빗물처럼
갈색으로 쌓인 아픔이란 것임을,
알 수 없는 길로 떠난 너를 향해
젖은 눈으로 바라보는
힘없는 사람들의 눈동자란 것임을.

누구나 살아가며
잊지 못할 그 사랑 때문에
너를 줍는 사람들이
변두리로 밀려와 한참동안 서성거리고

책갈피에 너를 깊숙이 간직하고도
메말라가는 사랑들이 얼마나 많은지……
하지만 햇빛에 찬란한 얼굴처럼
사는 동안에 잊지 못할 그 사랑 때문에
가끔 눈부실 때가 있지.

육백년 감나무

지리산 산청, 계곡을 따라
겨울바람은 차갑게 불었어
연수研修가 끝나고 산책코스
남사 예담촌
골목 한 곳에서 만난 감나무 한그루
육백년간 살아 있을 수 있었던 이유가
내 인생의 파편破片마저
한꺼번에 결집結集케 하다
궁금하다면 그 곳을 찬찬히
들여다보라, 볼품없는 나무는
벼락으로 한쪽 팔이 잘려나가는
고통이 있었고
영양분營養分이 조금
덜 들어갔기 때문이라지
아직도 감꽃을 피워내는
담장너머 나무 밑을 보라
옥토이어야 잘 자랄 거라 생각되겠지
하지만
그 나무 밑은 온통 자갈밭이거든
그 때문에 도리어 뿌리를

더욱 단단하게 내리려고
온 힘을 다 냈기에
육백년간 꽃을 피웠다는 거야
인생을 반추하면
나를 육백년만큼 성장시킬 수 있는 것도
자갈밭 덕분이겠지.
아니, 볼품없는 얼굴을 가진
지독한 아픔 덕분이겠지.
언제쯤 저 육백년 감나무처럼
자갈밭이 남아 있는 내 안에
마침내 꽃을 피우고 피워
돌담 너머로 그 향기와 과일을
우연히 지나는 행인들에게도
힘껏 내밀어 줄 수 있을까

임시직, 그 쓸쓸함에 대하여

먼 옛날,
처음 직장을 가졌을 때는
집과의 거리가 가까운 까닭일까
왜 그토록 가슴 벅차도록
힘차게 달려갔는지

이십년
시간이 흘러
임시직으로 전락한 삶이 되고부터는
집과의 거리가 먼 까닭인지
왜 이토록 가슴 당기도록
오랜 시간이 걸려 가게 되는지

언제쯤,
가족들의 고운 목소리 듣고
향풀 같은 살 내음 맡으며
쉬지 않고 흐르는 강물처럼
함께 잠자리에 들 수 있을는지

금강 · 1

밤바람은 어느 팽팽한 힘과
저토록 대결하기에
가끔 내 품속으로 숨느라 안기는가
강물은 휘청이며 가슴 휘젓고
달마저 구름결에 고개를 파묻는다
흐르는 강물에 던진 말은
저토록 용해되지 않는가
젖은 소매 끝에 달빛이 깃든다
사랑한다는 말 한마디
수장水葬되지 않는 겨울밤의 날개짓
낮게낮게 흔들며 다가오는
그리움의 깃발

금강 · 2

다다를 수 없는 곳이
저기인가
매일 흐르는 물결이
새로운 고랑을 내고
저 멀리 멀어져 갔구나

아직 걸음이 곧지 않을 무렵
말없이 떠나버린 어머니
그리운 긴 발자국 하나 찾으러
가슴이 먹먹할 때마다
이곳에 섰건만
찬란한 물방울 하나
건지지 못한 채
두렁두렁 빈 발로만 돌아왔었지.

얼굴을 묻고 오랜 시간
하얗게 획을 긋으며 흐르는 물
하염없이 바라보다가
하얀 수건 두른 아주머니들이
감자 캐던 일 멈추고

하나 둘 집으로 돌아갈 무렵까지도
건져 낸 것은 별다른 것이 없었네.

가끔, 바람처럼 날던 새
앙상한 나뭇가지에 앉아
무어라고 소곤댈 뿐
알을 품지 않았지
어둠이 땅위에
차곡차곡 내려앉을 때까지
긴 둑 위에 서성거리며 서 있었네.

저 멀리 어머니의 눈동자
어둠속에 찬란하게 빛을 내며
마르지 않고 흐르는 강물
내 심장속에 스며든 물방울
반평생이 지나서야 깨닫게 되었네.
흐르는 물은 그 자리에,
늘 그 자리에 머물렀다는 것을.

잡풀을 뽑을 때

한 움큼 잡아 뽑으려
팔뚝에 힘을 주자
깊이 뿌리내린 잡풀은
마지막까지 버팅기다가
더욱 완강하게 버팅기다가
내 완력에 뽑히면서도
온 몸을 흔들어
수많은 씨앗들을 일시에
땅에 떨군다

동의하지 않은 권위에는
복종하지 말라
그 저항의 싹은
언젠가 다시 피어낼지니
저 무서운
저항의 힘
비가 내린 후에
땅을 보라

더 많은 힘으로
단단하게 결집結集되어
우뚝 서 있는
당당한 잡풀의 생명력이여!
이 땅을 푸르게 지켜온
이름없는 풀들의 용맹함이여!
커다란 저항의 뿌리여!

오늘 내가 잘한 것은

평소에 말 버릇이 그리 나쁜 아이는
아닌 것 같은데 최근 부쩍 말과 행동이
공손함이 없어졌고
급기야 친구들 앞에서
반말도 모자라 부정적인 언어마저 사용하여
담임한테 전화까지 걸려온 아이
혼을 내야겠다고 생각하여
아이 방으로 끌고 들어가
화가 난만큼 매를 들어 때리려고 하자
울면서 다시는 안 그럴테니
매로 때리지는 말아달라고 빈다
형광불빛이 잠깐 흔들린다
창문 너머로 바람 하나 지나갔나
생각하고
종이를 준비하여
반성문을 쓰도록 했다.
반성문을 쓰는 책상 옆에 앉아
부모님을 떠올려 본다
회초리를 들고 눈물부터 흐르던 얼굴이
창문 너머에 있다.

주름살 많은 얼굴로도 웃음 지어주시던
부모님 얼굴이 보여
못된 행동을 한 아이를
슬며시 용서해 본다.

육도윤회

삶이란 본시
정착이 아니고 떠도는 부평초
뿌리를 내리지 못한 자
그 어디에 서 있든
흔들리며 살아가는 법
곳곳마다 아픔이요
골짝마다 사연이라

노을이 지는 바닷가에
서 본 사람은 알리라
찬바람 때문도 아닌데
바닷물처럼 짠 물방울 한자락
먼 곳에서부터 나부껴 오는지를

대금소리가 저 멀리 떠 있고
풀잎사이 알에서 깨어난 벌레,
나비 하나 바람 따라 훨훨 날아오르다가
바다속 작은 물고기로 헤엄치나니
인생이란 어디에 서 있든
방향없이 흘러가는

작은 바람이란 것을

신호등에 걸려 오도가도 못한 채
눈 먼 사람처럼 서성거리는 나에게
누군가 길을 묻는다
잠시, 내 가슴에 먼지 하나 스며들더니
발가락 사이로
한 움큼 차가운 물결이 흐른다.

* 육도윤회 : 인생의 6가지 윤회의 법칙

4차 산업혁명을 성찰하다

세상은 더 이상 순환하지 않는다
작년 봄과 여름
올해의 빛깔이 똑같지 않다
나이가 들어도 지혜로워지지 않는다.
더 이상 연륜이라는
지혜의 명예가 존재할 수 없다.
낡은 벽장시계 느리게 움직이는
시계추를 쳐다보지 않듯
어른이 된다는 것도
전문적인 소질과 숙련된 기술이
인정될 확률은 없단다.
나이를 먹는다는 것은
새로운 지식을 받아들이는데
오히려 방해가 된다.
앞으로 새로운 직업이 존재하는 만큼
지금의 직업들이 사라진다고 하니
거룻배가 사라진지 반백년도 안 지났는데
인공지능이 세상을 대체할 것이라는
뉴스에 즐겁지가 않다.
천만다행으로

인간은 지속적으로 고통을 느낀다는 것
우리 삶에 질문을 계속 던질 수 있다는 것
다른 사람들의 고통에
공감할 수 있다는 것
기계가 대신할 수 없는
인간의 몫이다.

간절함을 멈춰야 할 때

만약 당신에게
간절함이 있다면
잠시 멈춰 볼까요
그 간절함 때문에
다른 것이 열심히
당신 곁에 다가오는 것을
잊지 마세요
정말 중요한 것을
놓친 적은 없나요
저 멀리서
행복과 행운이
그냥 다가오는 것이 아니잖아요
모든 나뭇잎이
같은 방향으로 흔들리지 않듯
한가지로만 간절함에 얽매어
곁에 온 고통을 놓치지 마세요
고통도 삶의 일부이잖아요.
고통 너머에 행운이 가득하잖아요.

낙과落果

사과가 떨어졌다
복숭아가 떨어졌다
바람 때문인가?
속상한 농부의 말을 빌리지 말라
그는 분명히
우리를 위로하기 위해
때가 되었기 때문이라
말하겠지만, 그 속상함을 보상하기 위해
내가 할 일은 낙과를 싼 값이라도
모두 사 주는 일이다
그 멍든 부분만큼
농부의 마음에 더 큰 상처 있으려니
낙과를 듬뿍 사서
이웃들에게 나눠주고
오랜만에 가족들 모여
화채를 만들거나 샐러드를
한 대야씩 만들어
실컷 먹어볼 일이다.

피도 눈물도 없는 날이 있었다면

피도 눈물도
없는 날이 있었다면 언제였나요?

학력고사 볼 때일까
따뜻하게 대하는 부모의 말과 행동에
깨진 병조각처럼 막 대하던 날

대학 졸업직후 취업이 안 되어
이곳저곳 기웃거리고 지쳐 돌아오다가
누나가 건네주는 만두를
속이 터지도록 방바닥에 내던지던 날

내 차 진로를 방해했다고
신호등까지 위반하며 쫓아가
그 차를 함부로 막아선 후 고성을 질러대고
사과하는데도 멱살 잡았던 날

돈 빌려간 후배가
사기치고 도망 다니더니 끝내
교도소에 갔다는 소문을 듣고

화가 머리끝까지 나서 술 마시며 욕하던 날

사랑하는 아들이
작은 실수를 했을 때에도, 큰소리치며
손바닥을 함부로 때리던 날

아내가 감기 몸살로
누웠는데도 밥 내놓으라고 요구하고
설거지도 하지 않고 운동하러 간 후
회식한다고 밤늦게까지 놀다가 들어오던 날

제3부

한국문학시대 게재 작품

우산 하나

탈고되지 않은 원고

눈물 속 젖은 상념으로
한 세상 이끌고 가려느냐
어느 그리움이
거적같은 또 그리움을 키워
몰려오는 추억의 빛깔
가을 꽃잎처럼 서러웁다
서러움은 다시 새떼처럼 날아올라
한마디 말없이 떠나가느냐
갈대밭, 억새풀 홀 넘어지는 들판에
광기의 햇빛으로 살아 있으랴
발딱 뒤집히는 밤마다
어디로 향하여 절규하느냐
열차가 지날 때마다
나뒹구는 눈발처럼.

* 한국문학시대 제21호 : 제1회 문학시대우수작품상 수상작

부소산 일기

의자왕도 삼천궁녀와의 사랑도
청동 빛 칼날 아래 꽃잎처럼 나부껴
떨어져 내린 낙화암
부소산 산정에서
우리는 참으로 오랜 시간 물빛만 안고 있었네.
바람은 등 뒤로 이따금씩 훑고 지나가고
당신 앞에 내려온 눈부신 햇살이
가냘픈 떨림으로 속눈썹위에 앉아 있었네.
메마른 시간도 바삐 흐르고
강물도 소리 없이 흐르고
저만치 낙하를 잊은 나뭇잎이
조금씩 흔들리고
텁텁한 내 마음은
점점 당신 앞에 넘어지고 있었네
시작도 끝도 없는
감정의 바다가 일렁이고 있었네.

* 한국문학시대 제21호 : 제1회 문학시대우수작품상 수상작

춘천 연가

춘천에 가면
연두빛 사랑을 다시 찾을 수 있을까
빛나는 물결 속에 한참동안 서성거렸지.
사람들은 저마다 가슴에 빨간 단추를 달고
이곳에 찾아와
아름다운 사연들을 풀어놓고
몇 장의 추억 간직하고 돌아가겠지.
꽃잎은 바람을 타고 물결위에 떨어져
출렁출렁 함성을 지르며 내닫고
이곳에 온 사람들이 던져놓은 사연 얼마이기에
저토록 물결은 쉼 없이 흔들리는 것일까.
사랑도 때로는 취한 듯
살결 속에 붉게 머물렀는데
지금은 침묵의 강江이 되어
푸른 그리움만 물빛으로 띄우고 있네.

* 한국문학시대 제21호 : 제1회 문학시대우수작품상 수상작

교사 · 1

남을 가르치는 일이
도대체 무엇인가.
어머니 묘지 벌초한 후
담배를 피워 물으신 아버지께서 나직하게 물으셨다.
목마른 사람 몇몇에게
그저 물통 길어준 일밖에 없지 않나,
속으로 생각하고 생각하는데
먼저 일어선 아버지, 잡초 한 움큼 뽑고 있었다.

* 한국문학시대 제21호 : 제1회 문학시대우수작품상 수상작

빨래집게

한 번 물면
물기가 다 빠져 나갈 때까지 놓아주지 않는다.
살랑살랑 바람 넘어와 안기고
포송포송 햇볕 조각도 안기고
중력의 반대편으로 옷가지들이 펄럭펄럭,
한 번 물면
그래도 절대 놓아주지 않는다.
가슴 씻는 사랑 걸어놓고.

* 한국문학시대 제21호 : 제1회 문학시대우수작품상 수상작

지금은 다이어트 시대

아내는 나를 두고 세 가지를 부러워한다. 첫째, 남자라는 것. 한국에서 남자라는 이유로 바깥에 돌아다닐 때 덜 위험하다는 것이다. 여자이기에 적어도 깔보는 나쁜 경우를 만나지 않잖냐고 불만을 백개의 계단처럼 쌓아 올린다. 둘째, 남편이라는 것. 남편이라는 이유로 제삿날도 집안일을 별로 하지 않고 청소할 때도 돕지 않고 빈둥댈 수 있다는 것이다. 분리수거 날에도 대부분 아내가 들고 나가는 수고를 남편은 빤히 보면서도 돕지 않는다고 불만을 천개의 계단처럼 쌓아 올린다. 셋째, 살이 찌지 않는다는 것. 집안이 살이 찌지 않은 이유로 나는 아무리 맛난 것을 많이 먹어도 살이 오르지 않지만 자기만 아이 둘 낳고 자꾸 살이 붙어 아무리 다이어트를 하려고 해도 빠지지 않는다고 불만을 만개의 계단처럼 쌓아 올린다.

그리하여 아내는 다시 태어나면 내 남편으로 남자로써 살이 찌지 않는 체형으로 존재하고 싶어한다. 아내는 다이어트를 위해 곧잘 아침을 굶는다. 새벽기도를 가는 이유도 살을 빼기위한 굳건한 믿음의 전략이다. 그러나 살은 언제나 공존한다. 주맹증에 걸린 새처럼 낮엔 웅크리고 있다가 밤에만 아내 곁에 날아온 허기의 유혹, 굶주린

아내에게 참을 수 없게 하는 것은 아이들이 남긴 밥과 과자 부스러기이다. 한때나마 미뤄뒀던 삼겹살과 불고기는 다이어트를 무색하게 하는 점령군이다. 그러나 몸에 살이 붙는 것보다 더 최악의 상황은 결혼 전 가졌던 순수하고 소박한 사랑의 마음들이 야위어가고, 이런저런 아줌마들의 겹겹으로 쏟아지는 정보들로 무장한 아내의 생각이 오로지 생활 속에 돈 많이 모으고, 아이들 교육 잘 시키고, 붙는 살을 얼마나 많이 뺄 것인가이다. 그 정보를 다 실행하기가 너무 벅차 결국 규칙적인 운동을 통한 다이어트를 못하고, 굶는 방식의 가장 간편한 경제논리로 대응하지만 순간의 꽃으로 피어나 잠시 살이 빠지기만 할 뿐, 요요현상으로 살은 아내곁에 늘 공존한다. 대한민국 아줌마로 살아가는 아내에게는 지금은 다이어트 시대.

좀체로 다이어트가 되지 않는 내 생각과 말버릇이 아내를 또 자극한다. 아침에 출근하면서 함께 식사하지 못한 아내가 안쓰러워 그만 참지 못하고 빠지지도 않는 살 빼려하지 말고 실컷 먹고 싶은 것 먹으면서 살라고 골렸는데, 등 뒤로 슬리퍼를 던지며 붉어진 얼굴로 쫓아온다.

＊ 한국문학시대 제22호

거꾸로 기차타기

기차를 기다리다
지나간 시간 속에 아픈 과거들과 함께 앉았다.
잠시 후 도착한 기차
좌석이 달리는 기차방향과 반대방향이다.
그전엔 무심했는데
기차가 달리자 창窓앞에 맺히는 사물들이
기차방향과 달릴 때와는 사뭇 다른 느낌
처음, 큰 사물로 다가왔다가
멀어질수록 여러 사물로 확장되다
마침내 전체가 드러나는 색다른 경험
세상일도, 사랑도
큰 얼굴로 다가와 처음엔 벅차서 한부분만 보다가
멀어져 갈수록 여러 개로 보이고 전체가 보이는 것인가
세상에 흘러야 할 것이 많은데
이토록 흘러가는 나무, 집, 산, 들녘, 뭉게 구름,
모르는 사람속에 나는 왜 멀어질수록
또렷해지는 모습으로 살아오지 못했을까
얄팍한 본능만을 붙들고 앞으로만 달리며
되돌아보지 않고 우쭐했던 나는
거꾸로 앉은 좌석에서 마주치는 사물로

사랑하는 연인을 위해 주머니를 털어 꽃을 사 주는 일
주저하지 않고 실행했던
과거의 장면을 회상한다,
본래 사랑은 거룩한 낭비라는 사실을.

* 한국문학시대 제22호

우물을 찾아서

어릴 적 살았던
조그만 마을에 우물 하나 있었다.
우물은 깊이를 알 수 없는 어둠만 간직한 채
두레박을 첨벙 던져 넣으면
텅 하며 메아리만 나오던 곳.
젖은 두레박줄에는 날마다
알 수 없는 불안만 메달렸다.
길어 올려진 두레박엔 어둠이 빚어낸 맑은 물이
햇빛에 반사되었고, 그 물을 마시면
시장끼에 서늘했던 뱃속이 가득 찼다.
추운 겨울날에도
그 우물물로 나의 더러운 손을 씻겨주던
문수보살 같은 누나의 손길을
이제는 곁에 둘 수 없도록
서울 사는 누군가가 별장을 짓는다고
땅을 사서 그 우물을 몽땅 메워 버렸다.

어른이 된 지금의 내 몸
어딘가에 우물이 있다.
그 깊은 우물 속에 어둠이 왜 존재하였는지를

어둠으로 가려졌지만 맑은 물은
끊임없이 날마다 샘솟아 나왔다는 것을
눈물은 그리움의 발가락이 되어 낯선 곳을
향해 자꾸만 방황하게 된다는 것을
국물에 말아 퉁퉁 불은 밥알을 씹을 때마다
일시에 하강하던 두레박이 된다.
눈물은 슬프지 않아도 샘솟는다는 것을
우물이 메워지고 나서야 알았다.
도시에 사는 내 육신
정수기에서 나온 맑은 물을 마시고 살지만
언 손위에 우물물로 씻어주며
호호 불어 주던 누나의 따뜻한 입김이
찾을 수 없는 어둠이라는 것을
우물이 사라지고 나서야 알았다.

＊ 한국문학시대 제24호

능력能力 예찬론에 대한 항변

할 수 있는 것을 하는 것은 쉬운 일입니다.

그러나 대한민국에서 할 수 있는 일을 하지 않으면 바보입니다. 대한민국에는 이기주의와 특권의식이 결합하여 대단한 능력을 낳았습니다. 능력이 요구되는 사회가 어디 대한민국 뿐이겠습니까? 일찍이 독일에서는 게르만 민족과 같이 키가 크고 잘생긴 혈통이 아닌 '유대인'을 수용소에 감금하고 능력 없음을 증거하기 위해 치클린 B독가스로 죽였습니다. 또한 일본인은 조선인을 능력 없는 짐승처럼 분류하고 독립운동을 하거나 일본식 이름으로 개명을 거부한 자는 개보다 못한 취급을 하고 온갖 고문과 생체실험까지 하지 않았습니까? 그거 다 능력이 없었기 때문인가요? 물론 능력있는 사람은 이 당시에도 떵떵거리며 잘 살았지만 말입니다.

세월이 많이 흘러도 세상을 지배하는 것은 여전히 능력인가 봅니다. 가령 이런 능력 말이지요. 목사직을 세습하는 대형교회 목사님의 능력, 지역구를 넘겨주는 식으로 아들을 국회의원을 만드는 정치인의 능력, 남자다운 능력을 보이기 위해 조폭을 대동했던 모그룹 회장님의 능력,

폭력의 능력을 확인시키기 위해 동료들의 돈을 갈취하고 몸까지 훼손하는 젊은 학생의 능력, 수많은 사람들이 숨죽이며 기다리고 있는데 큰 목소리로 간호사를 혼내가며 의사의 검진을 먼저 받고 약 타러 가는 센스 있는 아줌마의 능력, 최대한의 운전 솜씨로 종횡무진 끼어들기와 신호위반을 밥먹듯 하는 고난도 운전자의 능력…… 어디 이뿐이겠습니까?

돌로 떡을 만들 능력이 있더라도, 돌로 떡을 만들어서는 안 됩니다. 광야에서 굶주린 사람들을 위해 예수는 돌로 떡을 만들 능력을 기꺼이 사용하지 않았습니다. 자기가 가진 능력을 옳은 일에만 사용하고 옳지 않는 일에는 사용하지 않을 분별력이 절실히 요구되는 시대입니다.

한나 아렌트는 『집단의 책임』이라는 논문에서 '죄'와 '책임'을 구별했습니다. "우리 전체에게 죄가 있다"라는 호소가 현실에서는 실제 죄를 지은 자를 무죄 방면하는데 일조할 뿐이라고 귀뜸해 줍니다. 정치공동체 행위에 개인을 포함하여 '집단적 책임'이 있는 것임을 알려 주었습니다. 이 논리로 본다면 태연하게 '독일인'임을 수치스러워하지 않는

독일인은 정당한가요? 마찬가지로 일본인들은 어떤가요?

역사의 화살표를 우리사회로 다시 옮겨 봅시다. 잘못된 문화적 행위, 잘못된 정치적 행태를 묵인하고, 오히려 지지하고 있었다면 '일본군국주의와 일본 개인의 인민은 별개다' 라고 인정해 버린 것과 같지 않을까요? 허위와 날조된 역사의 돌멩이 몇 개로 냇물을 덮을 수 있을지언정, 사실과 진실의 거대한 강을 다 덮어 가릴 수는 없지 않습니까? 유리할 땐 개인을 앞세우고, 불리할 땐 집단을 강조하여 민족이니, 혈통이니, 조직이니 하며 개인은 슬그머니 빼거나 감춥니다.

비전문가와 전문가의 차이는 무엇입니까? 전문가는 일 자체를 목적으로 삼는 사람이지, 돈 자체를 목적으로 삼는 사람이 아니지 않습니까? 마르크스, 보들레르, 반 고흐처럼 자기 자신의 혼을 불태워 사상이든, 문학이든, 미술이든 일가一家를 이루었던 전문가의 과업과 달리, 비전문가가 전문가의 행세를 하게 되면, 대중성과 상업성이 판을 치게 됩니다. 어중이떠중이들의 기호에 맞추어야 하고, 상업성이 담보되지 않으면 어떠한 진리도 비진리에게 그 자리를 내주어야 하는 것이 작금의 능력시대입니다.

돈 앞에서는 만인이 평등하다고 합니다. 하지만 돈이 없으면 만인의 평등은 사라집니다. 오직 차별만이 존재합니다. 문화 선진국과 문화 후진국의 차이는 돈의 유무에 따라서 생겨나며, 개인도 마찬가지입니다. 돈의 능력은 가난과 배고픔, 고통이 친구처럼 곁에 머뭅니다. 돈의 능력은 맑은 공기와 깨끗한 물, 보다 넓고 쾌적한 주거 환경과 공간을 확보합니다. 그러지 못한 능력은 오염된 공기와 물, 좁은 공간속에 불순물처럼 머뭅니다.

고대 그리스 철학자들이 21세기로 잘못 건너와 살게 된다면, 만물의 근원을 흙, 물, 공기, 불로 설파하지 않고 아마도 돈으로 확정하지 않았을까요? 주머니가 가벼우면 마음이 무거운 능력 없는 사람은, 능력이 요구되는 시대에 반역자가 되어 가시덤불 가득 실은 수레를 끌고 어둠이 짙은 언덕으로 곧바로 퇴장해야 합니다.

할 수 있는 것을 하지 않는 능력이 존중되는 사회, 개인의 잘못도 용인될 수 없고, 집단의 잘못도 용인할 수 없는,

죄를 지었다면 그만큼 범법의 형량을 책임 지을 수 있는 인류가 만들어질 수 없는 것인가요? 사탄이 아무리 유혹하더라도 돌멩이로 떡을 만들지 않은 예수의 능력이 왜 지금의 사회에서는 나타나지 않습니까?

반유대주의, 패권욕, 식민지 획득욕, 약육강식, 사회진화론, 우생優生사상, 인종주의, '효율'에 대한 물신 숭배사상, 테크놀로지의 신앙, 문명발전에로의 지향성 등이 계속해서 몸을 불리고 불리어 인류를 인도한다면, 아니 그것을 예찬하고 살아간다면 나아가 능력주의에 특권과 이기주의의 갑옷까지 입혀 준다면, 잃어버린 인간성으로 인해 마르크스의 지론 자본주의의 실패가 확인될 것이며, 보들레르의 악의 꽃이 지상에 만발할 것이며, 반 고흐의 해바라기는 사라져 버릴 것입니다.

하나님! 할 수 있는 것을 하지 않는 자제력이 거대한 숲처럼 넓어지는 대한민국을 꿈꾼다면 미친 놈일까요? 꿈을 이루게 해 주십시오. 제발. 아 멘.

* 한국문학시대 제24호

나뭇잎 하나

바람에 나뭇잎 하나 땅에 떨어지자
여섯 살 딸 아이가 잎 하나 들고서는
참 예쁘다며 엄마 곁으로 졸랑졸랑
그저 나뭇잎 하나일 뿐인데.....
나뭇잎 보다 얇은 나의 생각이 팔랑팔랑
이별을 말해 왔음을
추억을 이유 없이 말해 왔음을
죽음을 떠올려 왔음을
텍스트에 갇혀 살아왔지 않은가
뻣뻣한 관념과 사상으로 무장한 채
도리어 아무 쓸모없는 문명인으로
중년의 고목처럼 살아왔지 않은가
언제쯤, 어디서 나는
가장 슬프지 않을 순수의 잎으로
다시 피어날 수 있을까?

＊ 한국문학시대 제25호

사어 死語

영원히 내 마음속
깊숙이 숨어버린
단 한번 벌거벗은 붉은 살결
더 이상 복원되지 않는 사랑이여
검은 밤바다에 잠겼다.
두툼한 시집을 뒤적여도 찾을 수 없는
한 번 잘린 언어의 뿔은
어느 산정으로 솟아오를 수 있겠는가
불합리한 사회와
단 한 번도 맞짱뜨지 못한 언어들
창백한 얼굴로 창가에 부딪혔다가
늙은 낙타 걸음처럼 제자리에만 머물렀다.
밤을 이용하여 떠나버린 그대여
오늘 밤 창문을 부수며 내 가슴에 박히는
도끼날처럼 새파란 뿔이여.

＊ 한국문학시대 제25호

드라마와 아내

잘생긴 남자 배우들이 멋진 옷을 입고
활약하는 드라마에 빠진 나의 아내
사랑을 빼앗긴 질투심으로 불타는 성질에
빈 휴지통 발로 차고 베란다에 이르러
초췌해진 화분에 물을 주다
기울어진 화분대 한 부분을
받침하고 있는 낡은 책 한권
누렇게 변색된 사랑의 오브제
나의 얼굴로 생각되어
꽃보다 쑤욱 자라 오른
잡초 한 움큼 잡아 뽑으려 하니
억지로 힘주어 뽑으려 하니
뽑히지 않고 분꽃의 뿌리만 흔드나
끈질기게 매달리는 잡초 같은 생각 하나
아내는 드라마다

＊한국문학시대 제26호

회상回想

– 시어詩語를 위한 변명

나의 유년기
우물가 근처에서 맴돌았다.
그땐 왜 그리도 우물은 마르고 말라
속 시원하게 물이 샘솟지 않았는지.
가물 때마다, 새벽에 등 떠밀려
아직도 어두컴컴한 우물에
플라스틱 두레박을 드리운 채 꾸벅꾸벅 졸기도 했지.

나의 청년기
바닷가에 찾아가 흐느꼈다.
그땐 왜 그리도 바닷물은 한없이 출렁였는지 몰라
속 시원하게 첨벙대지도 못하면서
갈 때마다, 밤하늘 별들에 떠밀려
어두운 내 마음을 버리지도 못하고 되돌아오기만 했는지.

나의 중년기
그 어느 곳에도 찾아갈 수 없다.
맑은 감성의 우물은 메말라 버렸고
깊은 성찰의 바닷물은 출렁거리지 않으니
그저 어제와 비슷한 신문기사만 읽고

그저 내일과 비슷한 생각만 갖고
아직도 아무도 찾아가지 않은 우체통속의 편지처럼
숨겨놓은 비밀을 속 시원하게 털어내지 못한 채
어두운 골방에 처박혀 뒹구는 소크라테스의 철학서인지.

나의 노년기에는
부치지 않은 편지, 자유와 사랑의 추억도 없는
뜯지 않은 편지글만 남으리.
불안의 꽃만을 피웠다고 말하리.

* 한국문학시대 제29호

눈꽃

언덕의 슬픔 하나
들판의 고독 하나
변두리의 고통 하나

푸르게 날다가 내려앉은 육체
입김으로 불면, 수줍어 오므리는 육체
조금씩 비틀리며 메말라가는 육체

풀잎이든, 나뭇가지이든
가장자리마다 깃털 같은 육체
스르르 흔들리는 작은 육체

태산보다 무겁기도 하고
깃털보다 가볍기도 하고
바람에 안기면 사라지는 육체

슬픔의 언덕에도 꽃 하나
고독한 들판에도 꽃 하나
고통의 변두리에도 꽃 하나

* 한국문학시대 제31호

나뭇가지

서로 다른 방향으로 뻗었어도
하늘 바람이 너희 사이에서 춤추게 하라
그저 같은 방향으로 흔들리게 하라
사랑이란 나뭇가지 같아서
서로 마주보는 것.
강풍에 가지 하나 기울면
다른 가지 하나 떠받들며
지상의 기운들을 온전히 지켜주는 것.
운명적 사랑일랑 기대치 말라
사랑이란 가장 가까운 곳에서
두 팔 벌리고 서 있다니.

＊ 한국문학시대 제33호

시간여행

모든 길은 일직선이 아닌 것
언젠가 다시 돌아갈 수 있는
그러나 다시 돌아갈 수 없는
그 때 풀지 못한 매듭은 그곳에
두고 온 것이 아쉬워 돌아간 데도
설령 매듭을 풀었다 해도
결과적으로 아픔은 남는 것

과거의 잘못 맨 굵은 매듭이
지금의 힘든 것보다
무겁지 않은 것
사랑했던 사람을 다시 만난다 해도
언젠가 또다시
매듭을 남기고 떠나는 것

어릴 때 기대고 놀던 곳
가장 힘세다고 생각했던
저 거대한 나무도
고목이 되어 잎사귀 모두 사라지는데

왜 나는 자꾸 시간 여행만 꿈꾸는가
모든 길은 구부러져 있나니.

* 한국문학시대 제36호

나에게 두려운 것은

태초부터 우리는
심장병을 앓았나보다
놀라거나 두려운 일 때문에
핏줄은 살기 위해 격렬하게
날마다 두려운 일과 맞섰나보다
아름다움을 볼 때, 놀라는 까닭도
태초에 아름답지 않은 곳에
붉은 꽃, 노란 꽃들이 거센 바람결에 흔들려
눈물 냄새를 피우면, 핏줄은 무섭도록 빠르게
제 몸을 불리고 불려 심장을 만들었나 보다.
아니, 태초에 흰 꽃만 있었지만
거대한 몸으로 짓밟는 두려운 것들과 맞서 싸우려
달리다가 넘어져 흘린 피들이 꽃잎에 엉키고 엉켜
붉은 꽃을 날마다 피웠나보다
더러는 주춤주춤 망설이다 벗겨진 상처로 인해
노란 꽃을 날마다 피웠나보다.
그래서, 심장은 제일 부드럽지만 강렬한 몸짓으로
가장 아름다운 것마저 기꺼이 놀라워하고
눈물샘을 저 깊은 곳에 파 놓고
생명의 태반까지 질주疾走할 거대한 힘을

흙으로 돌아갈 때까지 내뿜는가보다
그러나, 아무것도 맞서지 못하는 중년의 나이
정직한 목소리, 소리내지 못한 채
시詩를 잃고 도심道心에서 서성거리며
거짓 양심의 잣대로 뒷걸음질하는
지금, 너와 나는
핏줄기가 자꾸 작아지는
심장병을 앓고 있나보다.

＊ 한국문학시대 제38호

겨울 문턱에서

움츠러드는 내 의식에
자꾸만 하얀 서리가 내린다.
추수가 끝난 밭 가장자리에로
몰려든 참새들은 분주히
떨어진 곡식을 쪼아 먹는다.
전봇대 위로 날아 앉은 까치 떼는
추위에 아랑곳하지 않고
겨울 시골길 하늘 위로
자유로운 함성을 지른다.
돌아오지 않는 그 사람
돌아올 것 같아 마른 풀잎위로 서성거렸지만
이 겨울 문턱에서
다시 돌아올 것 하나 없는 것이
삶일까 생각하는데
내가 서 있는 조그만 간이역에
한껏 찬바람이 불어온다.
급행열차는 멈추지 않고 지나쳐 버리고
아주 느린 속도로 무거운 육체를 이끌고
멈춰 선 그리움 때문에
빈 들녘으로 발길을 옮긴다.

바위 틈새로 고개를 내민 작은 벌레들
꿈틀거리며 저토록 살아 있다.
살아 있는 것만으로도
축복은 홍시紅柿 같은데,
떠나버린 저쪽을 향해
나는 왜 머리를 돌리려 하는가
어짜피 삶이란 긴 겨울
홀로 수행修行하는 길이잖은가.

* 한국문학시대 제39호

세 개의 별 날마다 가슴에

– 2014 가을, 북 포럼 후기後記

『익명의 섬에 서다』
도토리깎지 소설에 대해
북 포럼을 마치고 홀로 돌아온 밤,
패널로서 못다한 말
작가로서 못다한 말
유년기의 사랑이 진짜다
유년기의 추억이 진짜다
유년기의 상처가 진짜다
세 개의 별이 가슴에 불 켜진 채
평생 지상위에 떠 있어라
이 거리 저 거리 헤매지 않도록 소망所望을 건다.
손바닥에도 못 채우는 돈 벌이에
아내의 투정과 잔소리가 내 가슴에 꽂히는 날
옆으로 걷는 무표정한 우리들의 걸음에도
유년의 사랑하나 가끔씩 사랑의 주춧돌이 되고,
직장 상사로부터, 검은 커피 같은 핀잔을 받은 날
발바닥에 차이는 무거운 돌덩이들이 있을 때
유년의 추억하나 판타지 선물을 주고,
옆으로 걷는 우리들의
핍진乏盡한 삶이 있을지라도

유년기의 상처는 어느덧 올곧게 자라나
반짝이는 소통의 눈빛 만들었나니
세상 홀로 남겨진 슬픔으로
어두운 새벽에 눈 뜰지라도
별을 보고 걸어가는 사람이 되라
어두운 창문에 기댄 그대여!
세 개의 별이 가슴에 날마다 켜지도록
옆으로 걷지 말고 똑바로 걸어 나와
세상 홀로 남겨진 자들이 피워낸
팬지꽃이 피어있는 섬에서 벗어나라
우리 곁엔 사랑할 것이 아직도 많이 있나니.

＊ 한국문학시대 제39호

흥행 영화 보기

나는 무엇 때문에 영화를 보는가
무료해서일까
남들이 본 영화 안보면 소통이 안 되어서일까
대기업 홍보에 아무렇지도 않게 이끌려
넓은 영화관, 수많은 사람들이 웅성웅성 떠드는 곳
팝콘과 콜라를 대형으로 사들고 성큼성큼 들어가
푹신한 의자에 다리를 꼬고 깊숙이 앉아
몇 개의 예고편 웅장한 사운드에 들썩들썩
멋진 몸매 흔들며 상품선전 광고에 눈요기를 하고
이런저런 상품에 현혹된 후
본 영화들이 나에게 무엇을 남겨 주었는지
상처와 아픔을 다룬 가족영화나
건전한 사회적 비평을 담고 있는 영화들이
이름없는 영화감독이나
힘없는 제작자였다면
상영시간, 상영장소 제대로 배정받지 못하여
예매율이 거의 없다는 이유로
찬밥 신세가 되어 홍보되지 못했다면
나 또한 그 영화 별로라고 생각하고는
가장 흥행된 영화 보기만 선택하지 않았을까

블록버스터, 헐리우드, 미국영화 1위, 아카데미상……
익숙한 이름들이 전제前提될 때만
아무렇지도 않게 값비싼 돈을 지불하고
흥행 영화 보러 팔자걸음으로 가지 않았을까
자극적인 영상과 총격전에 녹아내린 영혼에
미끄런 오일처럼 육체도 흐느적흐느적
어둔 영화관을 빠져 나오면서
비어있는 팝콘 상자를
쓰레기통에 휙휙 내던지던 날
나의 의식도 팝콘처럼 노랗게
부풀려 있지는 않았을까.

* 한국문학시대 제40호

어느 문법 시간

– 성분과 부호의 중요성

여러분!

문장성분을 바꾸면 의미는 달라집니다.

예를 들어 봅시다

여자는 남자의 인생을 바꾼다.

한번 바꿔봅시다.

여자의 인생은 남자를 바꾼다.

다음, 쉼표를 넣느냐에 따라 하나의 뜻이 됩니다.

빼면 두 가지 의미가 되죠.

자 보세요.

죽은 대통령의 친구가 그립다.

이때, 죽은 사람을 친구로 하려면

죽은, 대통령의 친구가 그립다.

대통령이 죽은 것으로 하려면

죽은 대통령의, 친구가 그립다.

라고 해야 되겠죠.

자! 마침표를 어디에 넣느냐에 따라 의미는

완전히 달라집니다.

어느 대통령 공약 중에서 하나를 예로 듭니다.

세금 증세 없는 국민복지.

그런데 중간에 상황이 바뀌어 문장부호를 넣으면

세금 증세, 없는 국민복지가 됩니다.

문법은 뜻을 분명히 하는데 있습니다.

여러분!

오늘부터 정확한 문장 이해를 통해

글로벌 시대에 맞도록 바른 국어 사용을 실천합시다.

자, 짧게 정리하겠습니다.

문장부호는 화려하지 않지만 의미를 분명하게 하는

필요한 일을 아주 중요하게 하죠?

＊한국문학시대 제40호

곰나루 소나무

도심에서 살다가 지친 마음 안고
고향에 돌아온 날이면
유년시절부터 홀로
바람을 쐬러 갔던 곳
곰나루 소나무 숲으로
자전거를 타고 간다.
곰나루 소나무는
강을 건너간 사랑이어라
바람이 몹시 분다
하늘은 모랫바람으로
노오란 그리움으로 사무쳐 온다
휘어진 솔가지마다
슬픈 전설들이 묻혀 있는 곳
내 마음에 서러움이 번져오면
하늘이 눈물로 젖는다
바람은 강을 향해 자꾸만 분다
왜 그토록 빨리 떠났는가
바람은 소리친다.
'엄마' 하고 외쳐본다
끝까지 지키지 못한

사랑은 비극이어라
모래밭에 웅그린 몇 몇 아낙들이
땅콩을 캐느라 바삐 움직이고
새로 깔린 4차로에는 차들이
재빨리 번쩍이며 달린다
다시 만날 수 없는
저 바람의 아이들
사랑은 또다시 비극이어라

* 한국문학시대 제42호

제주도 억새꽃

큰 도로에서 벗어나
샛길로 들어서자 저기 하얀
아버지가 걸어 오신다
넘어질 듯 넘어질 듯
메마른 땅에
온 근육으로 붙잡고 지탱하는
거대한 바람에
흔들려도 넘어지지 않은 저기 하얀
아버지가 걸어 가신다
용기 있는 자, 그대
어느 곳이든 꽃피운 그대
억센 바람에도 넘어지지 말라
절벽에 서 있는 나에게 외친다
지금 서 있는 곳에라도 꽃을 피우라
물기 없는 들길에
방향 없는 바람에
저토록 일렁이는 단단한 힘을 보아라
80년 넘어지지 않고 살아온 아버지처럼

억새꽃 사이로 보일 듯 말 듯
애련한 흰 물결의 깃발.

* 한국문학시대 제43호

겨울바람

그는 차가운 눈빛을 지닌 선배
따뜻한 권세를 거부하고
낙엽처럼 떠도는 방랑자
나를 만날 때마다
단 한번도 온돌방이 있는 집으로
돌아가려 하지 않았지
그는 모락모락 김이 오르는
순댓집 근처에 맴돌다가
슬그머니 돌아서서 펄럭이는 포장마차에 기웃거리고
발을 옮겨 닭발 굽는 곳을 서성거리기도 하고
길거리 좌판에 앉아 웅크린 채
느린 동작으로 파를 다듬고 있는
낡은 수건을 둘러쓴 할머니의 머리카락을
한 움큼 세차게 흔들어 놓고는
메마른 골목을 재빨리 달려
내가 기대고 서 있는
플라타너스 곁으로 다가와
삼월이 오기 전에 떠난 어머니를
잊지 못한 내 얼굴의 물방울을
거두어내고는 저만치 달려가다가

도로 와서는 차가워진 내 옷깃을 툭툭 치고는
끝내 집으로 돌아가지 않은 선배는
고드름처럼 푸른 눈빛을 보이더니
삼월이 오기 전에
인사말 남기지 않은 채 어디론가 떠났지
내 마음속 물방울이 삼월이 지나도
고드름처럼 녹지 않도록.

* 한국문학시대 제44호

봄날

찬바람 사이로 따스한 햇살이
책을 베고 누운 내 코끝에 닿은 날
초등학교 딸과 아들이 책을 보다가
느닷없이 백혈구가 더 좋다
아니야 적혈구가 더 좋아
살랑살랑 봄바람 같은 실랑이를 한다
무엇 때문에 좋은가 묻자
딸은 백혈구는 나쁜 균이 몸속으로
쳐들어오면 무조건 품에 푹 껴안아
그 나쁜 균이 깊은 사랑으로
그냥 녹아 없어지게 하니
어찌 좋지 않으랴 한다
봄바람이 온 대지를 품에 안는 시간
아들은 적혈구는 골수에서 태어나
폐에서 산소를 얻어 온 몸으로 공급하는
아낌없이 나눠주는 사랑을 하니
어찌 좋지 않겠냐며 불그레한 얼굴로 말한다
바람에 흔들린 풀꽃 향기가
내 코끝까지 퍼지는 시간
아지랑이가 피처럼 번져가는 봄날

나는 한 번도 백혈구처럼
그 무엇도 껴안지 않고 살아왔으니
메마른 세상을 향해 적혈구처럼
산소 같은 마음 공급하지 않았으니
풀꽃 향기를 맡는 이 작은 행복마저
함부로 훔쳐서는 안 될 것 같아
봄 햇살을 핑계 삼아 눈을 뜨지 않은 채
아이들의 실랑이를 들으며,
마냥 졸고 있는 척 하노라.

* 한국문학시대 제45호

퇴적암

지나온 시간의 흔적에는
잘난 것과 못난 것이 섞여 있나 보다
깨끗하게 아무렇지 않은 양
리셋할 수 없는 것이 인생이리
쉼 없이 출렁이는 저 푸른 바다도
더러운 것과 깨끗한 것이 섞여 있으니
내 안의 상처들을 그저 이해하는 것이
저 푸른 바다처럼
단단한 근육을 만드는 것이리
자식을 다 키운 백발의 어머니
바람이 거세게 불 때마다
높은 산을 쳐다보아온 것처럼
여러 무늬를 가진 너를 보며
후회와 걱정의 마음 한 칸
더듬다가 문득,
당신의 생명은 되돌릴 수 없다시며
애써 되돌아 누웠던 어머니의 흔적 하나
찾아 보렸더니, 그립던 말
남겨 놓지 않고 무던히
어느 날 저 높은 산으로

바람처럼 오르신 어머니
무늬 하나 뚜렷하게
보이지 않는구나.

＊ 한국문학시대 제46호

찔레꽃 향기

찬바람이 남아있는 5월
할머니는 여느 날과 달리
쌀과 곡물들을 정성껏 준비하여
20릿길 산 고개 넘어
황혼黃昏에 작은 절로
불공을 드리러 간다.
그날은 할아버지와 겸상하여
짠 김칫국에도 불평없이
침묵으로 밥을 먹고는
먼저 누우신 할아버지 등뒤로
밤하늘 별 중에
가장 반짝이는 것을 골라
가슴에 묻고 잠이 들었지.

그날도 오늘처럼
바람이 거세게 불었다고 하지
대보름날 아이들의 쥐불놀이 구경나온
명주옷 입은 큰 아들 몸에
불똥이 떨어진 순간 온몸에 번져
논바닥에 뒹굴어도 꺼지지 않아

검붉게 온몸이 오그라들어
집에 데려와 똥물을 먹이고,
짚을 태운 물을 먹여도 살리지 못해
사흘 낮밤을 우시다가
말을 잃어버리고 살아온 할머니.

아침이 되면
새벽에 출발하여 온
할머니의 치맛자락 찔레꽃 향기에
눈 떠지고, 할머니의 옷자락
한 곳이 물들여진 것을 보며
밤에 묻어 둔 별무리가
그곳에 달라붙어 있구나 생각했지
바람이 부는 날이면
할머니는 또 다시 산 넘어 간다.

＊ 한국문학시대 제47호

숙우熟盂

함부로 뜨거운 물을 붓지 마라
너무 뜨거우면 차 고유의 맛을 잃을지니
인생은 작은 잎들이 모여
천천히 우러내는 차茶 맛 같은 것
차 맛은 뜨겁다고 좋은 것은 아니리라
떫은 맛은 지나친 뜨거움에서 나오나니
급해도 기다릴 줄 아는 사랑
천천히 따를 줄 아는 사람만
깊은 맛을 느낄 수 있나니.

인생은 천천히 전달되는
초록의 편지와 같은 것
잠시 서성거리며 기다리는 손길로
뚜렷한 맛을 얻을 수 있나니
서두르지 마라, 너의 온전한 사랑을 위해
잠시 여기에서 식힌 마음
천천히 입술이 닿아야
부드럽게 우러낸 사랑마저 더욱이 깊어지리라
또르륵 또르륵 따르는 물방울 소리
우리들 가슴도 맑아지는 시간……

나의 인생에서 끓인 물을 식히는

숙우의 공간은 어디쯤 있을까?

＊ 한국문학시대 제48호

제주도 기행 일기

– 제주 4·3 사건 탐구기행

·

손 흔들고 떠나올 땐 자신했지
모든 진실을 찾을 수 있다구
내 안에 그토록 잘못된 육지肉知가 남았는지
호텔 앞 바다에 발을 담그고 나서도
한껏 버리지 못 했어
며칠 들길을 지나고, 해안 길을 걷고서
푸른 숨결과 근육이 움직이는
바다에 발을 담그고 나서야
작은 산길 하나 또렷이 보이더군.
정방正方으로 향한 나의 눈길
산새들이 몰려와 우는 바람에
도리어 야성野性하나를 버리고
4월의 유채꽃밭 사이에서 조금은 순결해지더군
가늘게 흩어지는 저녁 짓는 연기
어느 작은 집의 구수한 내음새
아직도 버리지 못한 육지陸地의 관습과
바람에 출렁이는 거미줄 같은 상념을 일깨우고
진실에 배고픈 손님을 향해
무섭도록 짖는 마을개의 꼬리를 보며
바닷가에서 들고 온 주머니 속

돌 몇 개 만지작거리다가

하얀 물결로 뽀얘진 돌을 꺼내

세상을 등지고 누운 진실 하나

슬그머니 가슴에 안아보려 했지.

눈부시게, 하얗게 그리고

푸르게 멍든 파도소리

4월의 제주도, 그날의 단말마斷末魔에

두려운 나머지 눈감고 다 듣지 못했어.

검은 돌담 밑에 놓인 아픔들을

모두 들춰내지 못했어.

돌아와서도 순결하지 못한 진리들을

고통의 편린들을 제대로 알지 못했더군.

* 한국문학시대 제49호

노고단 들꽃

오늘 핀 꽃이 내일까지 눈부시게 빛날 수 있을까
작은 바람에도 서로 안고 견뎌낼 수 있을까
'붉다' 라는 한 단어로도 빛나며
우뚝 자랑할 수 있구나
아무도 돌보지 않는
노고단 오르는 길
이름 모를
들꽃

* 한국문학시대 제50호

삶의 우선순위로 스며있는 사랑과 아픔

– 이상철 시집 『우산 하나』를 읽고

김용재

시인, UPLI 한국회장

국제PEN한국본부 부이사장

I

시를 읽는 것은 시인의 삶을 읽어내는 것이며, 세상을 읽어낸 시인의 눈동자와 가슴을 찬찬히 바라보는 것이다. 또한 간결한 표현속에 오래도록 살아 숨쉬고 있는 시인의 독특한 세계관과 시어의 생명력을 만나는 것이다. 이상철 시인의 작품을 처음 알게 된 것은 《용운시문학회》 지도교수로 있으면서 그가 내놓은 여러 작품 중에 유독 내 가슴에 천착을 낸 작품이 있었는데, 학보사 기자시절 고뇌했던 것과 시대의 아픔을 녹여 써 낸 「탈고되지 않은 원고」였다. 그 작품의 일부를 당시 『용운시 15집』인가, 겉표지에 실렸던 것을 찾아보았다. 여러 해가 지난 2008년에 전화를 걸었다. 요즘도 시를 쓰느냐고 물었다. 많이 쓰지는 않지만 시를 쓰는 일은 계속하고 있다는 답변이 왔다. 그래서 몇 편 골라서 《대전문학시대(현재는 한국문학시대)》에 출품하라고 했다. 그동안 입시학원 국어강사와 중학교 국어교사를 하던 이상철 시인의 삶이 잘 녹아 있는 시를 보면서, 아직은 부족하지만 시인의 길을 충실하게 갈 것이라 생각하고 추천절차를 마쳤다. 그리고 내가 대전문인총연합회 회장으로 있으면서, 몇 년 뒤에 계간 《한국문학시대》의 편집위원 및 부주간 역할을 맡겼다. 매번 바쁜 와중에도 꼭 참석하여 편집 및 교정하는 일에 얼굴 한번 찌푸리지 않고 성실하게 해 주었다.

이상철 시인은 2009년 서강대학교 교육대학원에 다니면서도 교육과 문학에 대한 관심을 크게 갖고 있었고, 석사 논문으로 『고정희 시와 90년대 여성시의 에코페미니즘 연구』를 써 낼 만큼 시에 대한 남다른 열정을 보여 왔다. 그의 『우산 하나』 제목의 시집은 2008년 「탈고되지 않은 원고」라는 시를 바탕으로 등단한 지 거의 10년 만에 나오는 것이다. 첫 번째 시집에 담은 작품은 크게 3부로 나뉘어 있다.

Ⅱ

제1부에는 소소한 일상에서 만난 경험을 바탕으로 자신과 관련된 삶의 궤적을 깔끔하면서도 의미심장하게 형상화하고 있다. 먼저, 이 시인이 꼽는 대표작 「우산 하나」는 병들고 힘이 없어진 노인들이지만 우산 하나에 녹아있는 깊은 사랑과 자신의 못 다한 사랑에 대한 성찰이 주조를 이루고 있다.

사랑은 느린 걸음으로 온다.
우산 하나에 두 사람
울퉁불퉁한 보도블럭 디딜 때마다
쿨렁이는 흙탕물에도 아랑곳없이, 천천히 온다.
한쪽 발걸음이 불편한 키가 큰 노인은
키 작은 노파에 온몸을 의지한 채,
애써 자신이 우산을 들겠노라,
애달픈 승강이를 한다.
빗물은 사랑꽃을 피우도록 삐뚜름하게 내리고
오래도록 푸른 신호등을 기다리고 있는 태평오거리
느리게 걷는 두 사람의 걸음마다
회색빛 우산 하나 시소처럼
서로의 어깨 위로 기울어져 간다.
차오르는 흙탕물에 신발이 젖는다고
불평하는 나는, 언제 한번 느린 걸음으로
우산 하나 펼치며 살아왔을까.

—「우산 하나」 전문

사랑은 두 사람이 최대한 하나의 마음이 되어야 아름다운가보다. 두 노인이 우산 하나로 서로 의지하며 걸어가는 소소한 일상의 모습을 정밀하게 그려내고 있는 이 작품은 느림의 미학과 함께 삶의 우선 순위를 사랑으로 천착하고 있다. 그 작은 장면이 세상에서 숭고한 사랑임을 인식하고 시인 자신은 '불평하는 사람' 속에 포함시켜 사랑의 삶을 아직 살아오지 못했음을 정직하게 성찰한다. 이 시인의 시적 세계관은 서로 아껴주는 사랑에 대한 갈망이 그 누구보다 많기에 정직한 성찰이 가능한 것이다.

또한, 시인은 가족들로부터 받은 사랑에 대한 고마움과 깊은 감사의 마음을 추억하고 있다. 특히 작품 곳곳에 등장하는 누나의 사랑이 애틋하다. 아마도 어머니로부터 받지 못한 따뜻한 사랑에 대한 고마운 추억이 밥알처럼 쌓여있는 것으로 보인다. 「자전거와 누나」는 학창시절 배고픔과 추위 속에서도 어머니를 대신한 누나의 사랑이 자신의 도시락 밥을 덜어주는 모습으로 잘 표현되고 있다. 이 작품은 오래전부터 누나의 헌신적인 사랑을 가슴속에 저장하고 있다가 중년이 된 지금에 와서도 잊지 않고 그 상념(常念)을 곱게 다듬어낸 것이라 여겨진다.

배고플까봐
내 도시락을 꺼내
자신의 도시락 속 밥을 덜어
꾹꾹 눌러 담아주고는
누나는 서둘러
빈 도시락을 가방에 넣고
찬 바람이 가득 부는
강둑을 향해

교복 치마속에

녹색의 체육복을 입고

자전거에 올라 달린다.

— 「자전거와 누나」 중에서

이 시인은 매순간마다 소중한 추억들을 기념하고, 그 순간에 담긴 의미를 놓치지 않는다. 자연과 인간의 삶 속에 내재한 온전함이란 그저 제 모습을 지니고 있을 때 그 가치를 발현하는 것인데, 이것을 시로 잘 표현하고 있는 셈이다. 「순간」이라는 시에서, "작은 조각일수록 광채가 난다"는 표현은 인생에 대한 깊은 성찰에서 우러나온 아포리즘이다.

나뭇잎이 작은 숨결같은 바람에

살며시 흔들리는 순간

오랜만에 고향집에

도착할 즈음

자동차 시동을 끄기도 전에

벌써 대문 앞을 나오시는

허리 굽은 아버지를 보는 순간

인생이란

작은 조각일수록 광채光彩가 난다.

— 「순간」 중에서

이외에도 소소한 일상에서 길어올린 소중한 흔적들이 적지 않다. 「봉투에 글 한 토막」은 부모님께 물질적으로 못 다한 사랑의 아픔을, 「홍시」에서는 생명존중의식을 바탕으로 홍시의 너그러운 사랑을 각인한다. 모든 생명에는 높고 낮은 차원이 없이 온전한 가치로 태어나고 그 역할에 최선을 다한다는 것을 드러내고 있는 것이다. 「수선화 · 1」에서는 못난 자신일지라도 자기를 더 깊이 사랑해야 함을 자각하고 있는 바, 이시인이 사랑의 가치를 다양하게 시로 표현하고 있다는 것을 알 수 있다.

Ⅲ

제2부는 배움과 깨달음 그리고 가르침에 대한 시를 정리하고 있다. 국어교사로서 우리 것에 대한 지속적인 배움의 과정에서 특히 국악에 대한 관심을 표명하고 있다. 진도에 있는 국립남도국악원에 연수를 가서 배운 것을 토대로 이 시집에서는 「우리가락 국악 사랑가」, 「해금」, 「대금의 청淸」 등 3편의 작품을 소개하고 있는데, 모두 다 눈길을 끈다. 지면상 여기서는 「우리가락 국악 사랑가」를 대표적으로 소개한다. 긴 시행구조를 갖추고 있어 끝부분만을 제시해 본다.

고단한 삶마저
신명난 장단으로 일으켜 세우는

끝까지 울음을 참아내는 처절한 소리
더더욱 춤사위로 울컥 다 토해내는
국악國樂의 가락들은
비바람에 휘어질지언정 꺾이지 않는
청죽靑竹을 닮아 있나니
우리 가락은 우리네 삶
깊숙한 곳에서
날마다 스민다.

–「우리가락 국악 사랑가」 중에서

국악의 가락들이 우리 삶 곳곳에 스며있다는 내용을 토대로 시적 형상화를 잘 해내고 있다. 원론적으로 시는 서정과 지성의 조화를 통해 빛난다. 시인의 무기는 무엇보다도 섬세한 감성과 예리한 지성이 조화를 이룰 때, 그 힘을 발휘한다. 더욱이 언어예술이라는 측면에서 운율의 형식뿐만 아니라 지성으로 담아내는 시의 내용 또한 가을열매처럼 충실해야 한다. 이런 맥락에서 이상철 시인은 대학교 때 학보사 편집장 출신으로서 그 당시 익힌 비판의 정신을 올곧게 살려 지성의 힘을 발휘하려는 저력이 배어있다. 잘못된 세상의 것을 용납하지 않고 글로 싸워냈던 정론직필의 정신을 갖추고 있기 때문이다. 소개한 작품은 우리문화와 역사를 아끼는 시인의 지성을 드러낸 것이다. 이외에도 비판을 담지하고 있는 대표적인 작품으로 「나는 반대한다」, 「나무와 사람」은 눈여겨 볼만

하다. 여기서는 「나무와 사람」만을 소개해 본다.

나무는 높고 환한 곳을 향해
뻗어 오르려 한다.
그 뿌리는
차가운 땅속
더 아래로
깊은 어둠속으로
두려움 없이
더 깊이
들어간다.

사람은 높고 화려한 곳을 향해
치고 오르려 한다.
그 뿌리는
뜨거운 욕망
더 높은 곳으로
더 화사한 곳으로
오르다가
더 깊이
떨어진다.

– 「나무와 사람」 전문

나무가 지닌 겸손함과 대조적으로 인간의 욕망이 빚은 비극을 형상화했다. 즉 자연에 순응하고 우주의 법칙을 따르는 진실한 모습의 나무와 반대로 사람의 과도한 욕망과 지위상승을 향하다가 추락하는 모습을 그려내고 있다. 인간의 욕망에 대한 비판이 담보되어 있기에 가능한 성찰이다. 시정신의 힘은 심미적 가치를 고양해 주는 원동력이 있어야 한다. 시는 정치적 이념의 수단이나, 사회개혁의 수단이 될 수도 있지만, 넓은 의미에서 도덕성과 인간주의에 토대를 두고 시로서의 본질적인 요건을 갖추어야 한다. 이상철 시인은 일선교사로서 교사직분에 대한 진지한 성찰을 바탕으로 그 가치를 구현해 내고 있다. 「교사로 산다는 것」과 「교사·2」는 자신의 직업에 대한 정직하고, 헌신적인 소명의식이 잘 나타나고 있다. 그 일부를 보자.

> 메마른 대지에
> 촉촉이 떨어지는 작은 물방울처럼
> 열매를 단단하게 만들어내는 사람,
> 수줍은 분홍꽃 패랭이꽃
> 질긴 사랑처럼
> 척박한 땅끝에도 뿌리를 내리게 하는 사람,
> 당신은 교사로 살아온 사람입니다.
>
> ─「교사로 산다는 것」 중에서

싸늘한 바람 몰아치는 시대일수록
그 바람속에
진실 하나 찾아내
세상 안으로 그 이름 새기어
보내줄 사람
작은 들꽃 흔들릴 만큼
미세한 움직임에도
눈을 들어 바라볼 줄 아는 사람

—「교사 · 2」 중에서

두 편의 시에서 볼 수 있듯이 교사란 무엇보다도 작은 물방울의 존재처럼 메마른 대지를 적셔주는 사람이며, 온갖 생명체에게 뿌리내리듯 배우는 자에게 굳건하게 뿌리내릴 수 있도록 질긴 사랑을 베푸는 존재다. 진실 하나를 찾아 그 이름을 새기어 보내줄 사람이며, 작은 들꽃에게도 눈을 들어 바라볼 줄 아는 사람으로 중용 23장을 중시하는 시인의 철학적 신념과 맞닿아 있다. 중용 23장은 "작은 일도 무시하지 않고 최선을 다해야 한다. 작은 일에도 최선을 다하면 정성스럽게 된다. 정성스럽게 되면 겉에 배어 나오고, 겉에 배어 나오면 겉으로 드러나고, 겉으로 드러나면 이내 밝아지고, 밝아지면 남을 감동시키고, 남을 감동시키면 이내 변하게 되고, 변하면 생육된다. 그러니 오직 세상에서 지극히 정성을 다하는 사람만이 나와 세상을 변하게 할 수 있는 것이다."라고 되어 있다. 이것의 핵심은 무엇보다 정성을 다하는 삶의 자세이다. 교사로서 온 정성을 다하는 진정한 사람됨이 있어야 함을 이상철 시인은 자신의 삶속에서 꿰뚫어 보려고 한다. 이렇게 정성을 다하려는 시인의 자세가 지속된다면 이상철 시인은 아직 젊기 때문에 더 훌륭한 작품들이 많이 나올 것이라는 낙관적인 기대가 생긴다.

"강물은 휘청이며 가슴 휘젓고 / 달마저 구름 곁에 고개를 파묻는다"고 전하는 「금강 · 1」, "더 많은 힘으로 / 단단하게 결집되어 / 우뚝 서 있는 / 단단한 잡풀의 생명력이여!"라고 외치는 「잡풀을 뽑을 때」, "한가지로만 간절함에 얽매어 / 곁에 온 고통을 놓치지 마세요 / 고통도 삶의 일부잖아요"라고 동의를 구하는 「간절함을 멈춰야 할 때」 등 지금도 소개할 작품은 적지 않다.

Ⅳ

제3부는 2008년 등단시기부터 지금까지 한국문학시대에 게재한 작품들을 정리하여 엮었다. '거적같은 그리움 키우고, 새 떼처럼 날아오르던 서러움 떠나보내던' 「탈고되지 않은 원고」로부터 '본래 사랑은 거룩한 낭비'임을 말하는 「거꾸로 기차타기」, '가장 가까운 곳에서 두 팔 벌리고 서 있는 사람'의 「나뭇가지」, 행복공간 또는 웰빙공간의 「숙우」 등이 눈길을 끈다. 대표적으로 한 작품만 만나보겠다.

함부로 뜨거운 물을 붓지 마라
너무 뜨거우면 차 고유의 맛을 잃을지니
인생은 작은 잎들이 모여
천천히 우러내는 차茶 맛 같은 것
차 맛은 뜨겁다고 좋은 것은 아니리라
떫은 맛은 지나친 뜨거움에서 나오나니
급해도 기다릴 줄 아는 사랑
천천히 따를 줄 아는 사람만
깊은 맛을 느낄 수 있나니.

—「숙우熟盂」 중에서

이 시는 시인의 내면을 잘 표현하고 있는 듯하다. 워낙 열정이 많고 성실한 이 시인도 가끔 불같은 성격이 있는지, 자신의 삶에서 급해도 기다릴 줄 아는 사랑을 꿈꾸고 있다. 한 잔의 차를 마시기 위해서는 오랜 여과의 시간과 기다림의 여유가 필요하듯 인생의 기나긴 시간 속에 숙련되고 성숙되려는 자아의식이 잘 녹아 있는 작품으로 해석된다.

장자는 소통을 중시하였다. 그 중 시와 관련된 이론을 추출하면, 힘이 넘치는 언어사용과 비유와 은유가 적절해야 함을 안내하고 있다. 소통을 방해하는 것은 무엇보다 고정관념과 편견이며, 나만 옳다는 생각이다.

지금까지 일부만을 소개하였지만, 소개하지 않은 작품 중에 독자들이 각각의 경험에 따라 달리 더 좋게 느끼거나 동화될 작품들이 많이 있을 것이다. 삶의 우선순위로 스며있는 사랑과 아픔이 「우산 하나」에서부터 「숙우」에까지 스며있기 때문이다. 우수한 독자들이 더 넓은 경험과 바른 생각이 많다면 이상철 시인의 작품과 이심전심되는 기쁨을 얻을 것이다. 독자들에게는 지면상의 이유로 많은 작품을 소개하지 못하는 것에 대해 양해를 구한다. 적절한 비유법 활용과 산문식 서술식 표현 지양은, 시 쓰는 사람에겐 꼭 필요한 이야기이다. 시인 누구에게나 해당하는 주문이다. 이상철 시인이 앞으로 더 많은 작품을 통해 세상을 빛내고, 자신을 더욱 빛낼 수 있기를 기대한다.

이번에 내놓은 시집에 포함시키지 않은 우리나라 역사와 분단사회에 대한 깊은 의미와 아픔을 다룬 시들이 있었다. 다음 시집 출간으로 미루도록 권유하였다. 더 좋은 시들을 창작하여 그 작품들과 함께 몸을 불려 빠른 시일 내에 출간하여 세상 사람들의 가슴에 뜨거운 울림을 줄 수 있기를 기대해 본다.

우산 하나